Liderazgo en blanco y negro

Liderazgo en blanco y negro

Juan De Dios Flores Arechiga

Número de Control de la Biblioteca del Congreso de EE. UU.:   2014919070
ISBN: Tapa Dura   978-1-4633-9491-2
                     Tapa Blanda   978-1-4633-9490-5
                     Libro Electrónico   978-1-4633-9489-9

Este libro fue impreso en los Estados Unidos de América.

Fecha de revisión: 14/11/2014

Para realizar pedidos de este libro, contacte con:
Palibrio
1663 Liberty Drive
Suite 200
Bloomington, IN 47403
Gratis desde EE. UU. al 877.407.5847
Gratis desde México al 01.800.288.2243
Gratis desde España al 900.866.949
Desde otro país al +1.812.671.9757
Fax: 01.812.355.1576
ventas@palibrio.com
651089

PRÓLOGO

Lo que a continuación comparto, no es otra cosa más que lo que la propia vida me ha enseñado. Si algo de lo que está aquí escrito se considera que pertenece a los maravillosos maestros, Platón; Aristóteles; Buda; Jesús "Divino Maestro", Nezahualcóyotl; Anthony De Melo; P. Coelho; M. Ghandi; D. Chopra; E. Covey; P. Sense; H. Trimegisto; Lao Tse; Sun Tzu; R. Harris; F. Cabral; A. Cortés; J. Sabina o J.M. Serrat; K. Blanchard; R. Blake; J. Mouton; J. D. Batista; A. Díaz Mérigo; F. Scovel; S. Germain; J. Gibran; E. Martí; o de mis profesores escolares; o a quienes fueron mis jefes: J.R. García; E. Hernández. O de muchos de mis colaboradores sindicalizados y no sindicalizados. O de mis abuelos, Crispi Flores; J. Ma. Arechiga; G. Flores; V. Pérez, o de mi Padre Juan De Dios Flores y/o de mí amada Madre Modesta Arechiga. O de mis maestros recientes: Pepe Tello; Gisela Hengl; Roger Gabriel, Etanael; Sogyal Riponché; Myngyur Riponché; Helen Riz; incluso mis amigas, amigos o familiares; y muchos más: les pido honestamente me disculpen por utilizar algo de lo qué hayan escrito, dicho o cantado. Sin embargo sé que comprenderán que más del 95% de los pensamientos qué tenemos los humanos, no son propios; son aprendidos. Y sí no los nombro en la exactitud de lo que estos magníficos maestros han legado a la humanidad, sirva de algo mi disculpa solicitada.

Este material no tiene derecho de autor, usted puede reproducir, copiar o compartir todo lo descrito; **HÁGALO CON AMOR *y con el placer de ser útil*.** Sí; compártalo con amor.

Todos sabemos que el conocimiento sirve de nada; sino se comparte, así que yo lo hago con amor y por ende con la sana intención de contribuir en algo o coadyuvar a crear más y mejores líderes; mejores humanos, que nos ayuden a crear una mejor sociedad; un mejor país, un mejor mundo.

Mi propósito es compartir mensajes que te hagan reflexionar y recapitular en que eres una persona valiosa, con deseos, anhelos, sueños y ambiciones; cómo la mayoría de los humanos. Y que si tú triunfas, adquieres el compromiso de ayudar a triunfar a los demás. Y si no triunfas, no debes preocuparte, porqué la mayoría clasifica el triunfo en base a lo que esa persona misma desea o considera cómo triunfo; y que quizá no lo ha conseguido.

"INTENTA SER UNA PERSONA ÚTIL, MÁS QUE HÁBIL"

INTRODUCCIÓN

Has una pausa en tu vida; si consideras que tus pensamientos, sentimientos y acciones te llevan hacia donde tu alma lo desea: adelante. Si no fuese así y es necesario cambiar de rumbo, hazlo antes de que el tiempo de tu juego se termine.

"LOS BUENOS O MALOS RESULTADOS SE LOGRAN CON Y A TRAVÉS DE LAS PERSONAS"

La mayoría de los "líderes" han olvidado el Honor. Han olvidado que la palabra de honor se ofrece y se sostiene con valentía, con sabiduría y con el compromiso del bienestar común. Sin engañar, sin eludir sus responsabilidades y sin manipular ni la información ni la gente.

Han olvidado que lo fundamental para dirigir un grupo de personas es subordinar sus objetivos o metas personales, dando prioridad al bienestar común; sí, los objetivos y metas de la empresa, de la organización; de la comunidad son lo más importante.

COMUNIDAD; significa **UNIDAD COMÚN**. Es decir: lo que se hace por la comunidad beneficia y fortalece la unión y los lazos entre las personas.

Hoy parece que a la mayoría de los "líderes" lo único que les importa es tener, tener, y tener; y sin importar pasar por la dignidad de los demás. Existen "líderes" que no quieren aceptar que dirigir, guiar o administrar o liderar; es un honor, no una "carrera profesional" para obtener meramente "cosas materiales", lo cual no está mal, siempre que sea de manera honesta y honrada.

La irresponsabilidad de los humanos, es tan grande que se han tenido que crear *robots,* para sustituir lo más valioso en éste mundo terrenal; *al humano.*

Tenemos que recuperar el sentido de humanización, para tratarnos cómo eso que somos: *humanos,* con pensamientos, sentimientos y acciones diferentes, con sueños y anhelos distintos, pero finalmente humanos.

Si tú mismo no sabes a dónde vas o no sabes para que has venido a éste mundo: *cómo es posible que guíes a un grupo de personas; y que ellos se dejen guiar: ¿cómo es posible?.*

Durante los textos siguientes difícilmente hablaré de motivar a los empleados, colaboradores, asociados, etc. Aunque la motivación en el trabajo sea un tema importante.

Debemos asumir que la motivación es intrínseca y es una responsabilidad personal. Ningún individuo tiene el derecho de transferir a otro, ese "algo" que lo motiva. Por el contrario, cada individuo deber asumir la responsabilidad de su motivación, debe cuidarla y sobre todo; debe mantenerla VIVA siempre.

Lo que a mi juicio puede hacer el Líder Auténtico es coadyuvar a que las personas que lo rodean encuentren eso que realmente los motiva; ***"ESO QUE LOS HACE SENTIRSE VIVOS"***

Ser un líder auténtico implica tener coordinados y alineados los tres sensores de todo humano.

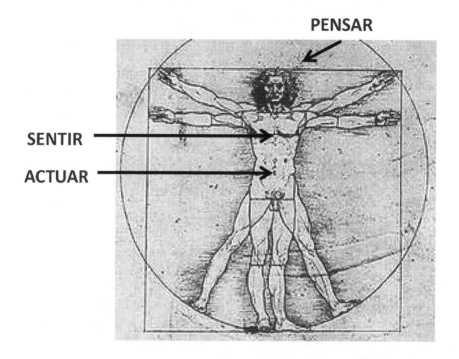

PENSAR

SENTIR

ACTUAR

LA RAZÓN: Se nutre de la información. *(Coeficiente Intelectual)*. LA EMOCIÓN: Se nutre de la impresión. *(Coeficiente Emocional)*

Es importante mantener la RAZÓN y la EMOCIÓN en armonía y equilibrio; si esto se logra de dice que la persona es BRILLANTE, porqué se muestra en el actuar cotidiano: esto es algo que el Líder debe recuperar; *la congruencia, la transparencia, la honestidad y el honor.*

EL PENSAR; EL SENTIR Y LA ACCIÓN: *la armonía del ser humano.*

- El equilibrio del Ser es una relación entre el sentir (Amor: lo interno) y la realización (lo externo): "EL SENTIR Y LA ACCIÓN". *Cuando logras esta armonía; estás en la unidad. (El PENSAR).* Tener la sabiduría de saber lo que implica como pensar, en lugar de que pensar.

- Tú: como todo ser humano; seguramente tienes una buena intención (SENTIR); pero en donde está tu atención (PENSAR); *si no las tienes en armonía, no podrás lograr la transformación (LA ACCIÓN).* Ejercer el libre albedrío, la libertad de actuar.

- También seguramente brindas un servicio (ACCIÓN) y quieres contribuir a la trasformación de ti o de alguien (PENSAR); *sin embargo si no están en armonía, no podrás lograr una buena contribución (EL SENTIR).* No sólo sentir la emoción, si no ser consciente de lo que sientes.

Sin la alineación anterior, aunque teniendo mucho conocimiento y gran experiencia, los resultados no serán los mejores, ni los de la organización y por supuesto tampoco los personales.

La Razón gobernando sola, es una fuerza limitadora… *Y la emoción sin vigilancia, es una llama que arde hasta su propia destrucción.*

Por consiguiente, que vuestra alma exalte vuestra razón hasta la altura de la emoción para que pueda cantar… *Y que la razón dirija vuestra emoción, para que vuestra emoción viva su resurrección cotidiana.*

A continuación comparto un artículo que escribí sobre liderazgo, deseo sea de utilidad:

LIDERAZGO AUTÉNTICO

La habilidad para Liderar un grupo de personas, es quizá una de las más buscadas al tratar de contratar a una persona. Ya sea para construir un edificio, ganar un juego de baloncesto o futbol americano, o dirigir una empresa. El papel del **LIDER** siempre es crucial.

En el caso de una empresa, la dirección tiene dos necesidades fundamentales. *PRIMERO; tener una "MISION" acorde a la competitividad actual y una "VISION" coherente con la evolución de su entorno. Y SEGUNDO; organizar y dirigir a las personas hacia las metas que emanan de su misión y visión.* Estephen R.Covey distingue en la dirección de una empresa al Administrador del Líder. El administrador organiza los recursos para que se logren los objetivos de la misma. *El Líder* inspira y arrastra; es el hombre que encarna la misión y visualiza el futuro. *El Líder* es el hombre a quienes todos siguen porque inspira confianza, entusiasmo y respeto.

Existe abundante bibliografía y una extensa investigación que trata de contestar la pregunta: UN LIDER ¿NACE O SE HACE?.

La respuesta no es obvia, pero tal vez ayude a resolverla el análisis del perfil de un *LIDERAZGO AUTENTICO* que hago a continuación y comparto con ustedes.

- *Líder* es aquel que presta atención a los ojos de un niño. Porque ellos saben ver al mundo sin amargura. Cuando el líder desea saber si la persona que está a su lado es digna de confianza; procura verla como lo hace un niño.

- *Líder* es aquel que es capaz de entender el milagro de la vida, es el que lucha hasta el final por algo en lo que él cree. Y nunca olvida la gratitud.

- *El líder* no necesita que nadie le recuerde la ayuda de los otros. Él se acuerda solo y comparte con ellos la recompensa.

- *El líder* sabe que es libre de elegir lo que él desea. Sus decisiones son tomadas con valor, desprendimiento y a veces con cierta dosis de locura.

- *El líder* acepta sus posiciones y las disfruta intensamente. sabe que no es necesario renunciar al entusiasmo de las conquistas; ellas forman parte de su vida y alegran a todos los que en ellas participan.

- *El líder* jamás pierde de vista las cosas duraderas y los lazos creados con solidez a través del tiempo.

- *El líder* sabe distinguir lo que es pasajero de lo que es definitivo. Y sabe que a medida que avanza, el entusiasmo y el entrenamiento no son suficientes; para vencer se requiere también de experiencia.

- *El líder* abre su corazón al universo y pide inspiración a DIOS. Sabe que su energía debe ser renovada. Que las ideas nuevas necesitan espacio. Que el cuerpo y el alma necesitan nuevos desafíos.

- *El líder* jamás hace trampas, pero sabe distraer a su adversario. No se avergüenza por retirarse temporalmente de una negociación, si percibe que su enemigo es más fuerte; lo importante no es la batalla aislada, sino el final de la guerra. Siempre retorna a la negociación, pero lo hace sin obstinación; sino porque nota un cambio propicio.

- *El líder* no se deja engañar por las apariencias; Y permanece en silencio cuando tratan de impresionarlo.

- *El líder* aprovecha todas las oportunidades para enseñarse a sí mismo.

- *El líder* que preserva a sus amigos, jamás es dominado por las tempestades de la existencia. Tiene fuerzas para vencer las dificultades y continuar en su propósito de lograr el beneficio común.

- *El líder* comprende que las experiencias repetidas tienen una finalidad; enseñarle lo que no quiere aprender.

- *El líder* mantiene el brillo en sus ojos; él sabe que es capaz. No necesita andar por el mundo contando sus cualidades y virtudes. El reconoce sus defectos y cualidades. Sin embargo, a cada momento aparece alguien queriendo probar que es mejor que él. Para el líder no existe "mejor" o "peor"; cada uno tiene los dones necesarios para su camino individual.

- *El líder* nunca deja de soñar. Él sabe que el futuro se transformó en el presente y que todos los sueños tendrán oportunidad de manifestarse.

- *El líder* sabe que por muy difícil que sea su objetivo, siempre existe una manera de superar los obstáculos; analizando diferentes alternativas.

- *El líder* se involucra y se compromete consigo mismo y con los demás.

- *El líder* guía con el ejemplo. Sugiere, no da órdenes. Convence, no impone ideas. Respeta las ideas de los demás y brinda la oportunidad de crecimiento y desarrollo. Da lo mejor de sí y espera lo mejor de los demás. Procura mostrar a los demás con generosidad; de cuanto son capaces.

- *Un Líder auténtico*, ya sintió miedo en diversas situaciones. Ya traicionó y mintió en el pasado. Ya recorrió un camino que no le pertenecía. Ya sufrió por cosas sin importancia. Ya creyó que no era líder. Ya falló en sus obligaciones espirituales. Ya falló en lo previsto por sus seguidores. Ya dijo que sí cuando quería decir que no. Ya hirió a alguien que amaba.

Por eso es Líder; porque ya pasó por todo esto y no perdió la esperanza de ser mejor de lo que era. Sabe que todo merece respeto, hasta lo que es pequeño y sutil. SABE QUE ACUMULAR AMOR SIGNIFICA SUERTE. Y que acumular Odio significa calamidad.

"El hombre es el único ser que tiene la capacidad de elegir; en ello reside su talento. En el poder de sus decisiones".

El desarrollo del LIDERAZGO AUTÉNTICO; es un proceso de humanización por el cual el hombre se convierte en: UN HOMBRE MAS LIBRE Y MAS RESPONSABLE.

Siendo autor de su propio destino y juez de sus propios actos. Lográndose una comunicación honesta y directa consigo mismo y con los que lo rodean.

El liderazgo auténtico es un puntal para triunfar; *ejerce tu liderazgo con amor, respeto, responsabilidad y entusiasmo...*

- Manifiesta tu alegría por vivir.
- Fortalece tú espíritu.
- Mantén serena tu mente y tu ALMA EN PAZ.

"PARA SER LÍDER AUTÉNTICO NO NECESITAS DE LA HUMILLACIÓN DE TUS SEGUIDORES"

"Nadie puede ser un buen líder de grupo; SIN ANTES SER SU PROPIO LIDER"

Líder Auténtico es aquél que se hace seguir para conseguir los resultados: "DANDO LO MEJOR DE SI MISMO"

Una persona inicia su proceso de Líder Auténtico, cuando decide por si misma que quiere ser.

Su verdadera comprensión proviene de aprender y reflexionar sobre su propia experiencia, lo que significa:

- ✓ Mirar retrospectivamente y utilizar los hechos de modo que uno sea el amo de su propia vida.
- ✓ Buscar experiencias y conocimiento que lo mejoren a uno mismo y a los demás.
- ✓ Ver el futuro como una oportunidad de realización personal.

"El líder auténtico busca trabajar de forma más inteligente y no de forma más abrumadora"

———————————

El líder auténtico intenta mantener el equilibrio en la Tríada natural de desempeño de todo individuo: en los ámbitos familiar, laboral y social.

———————————

"TODOS POSEEMOS POTENCIALIDADES PARA SER LÍDERES: *LA DIFERENCIA RADICA EN QUE ALGUNOS SÍ LAS UTILIZAN Y OTROS NO*"

———————————

"EL VERDADERO LÍDER COMPRENDE Y ENTIENDE QUÉ SUS PROPIAS FORTALEZAS Y DEBILIDADES; LAS MUESTRA EN SU ACTUAR"

Así que atento: a tus pensamientos, sentimientos, palabras y acciones.

———————————

"El líder auténtico pasa también por muchos momentos de indecisión; llega a dudar de sí mismo, y sin embargo; *una vez que alinea su pensar, con su sentir, (la razón con la emoción), actúa sin restricción.*

———————————

«TÁCTICAS Y ESTRATEGIAS DE LÍDERES AUTÉNTICOS»

- ✓ Comparten su sabiduría sobre la vida.
- ✓ Reconocen que la grandeza existe en todas las personas.
- ✓ Saben quiénes son; hacia dónde se dirigen, lo que quieren lograr y cómo lograrlo.

✓ Sí; sí pueden ser mejores y ayudan a otros a serlo.

✓ Saben que no hay atajos para el éxito.

✓ Se entrenan, estudian y trabajan.

✓ Dan un paso a la vez y lo hacen lo mejor posible.

✓ Se enfocan en hacer la diferencia.

✓ Saben que hacer la vida mejor para otros, es hacerla mejor para sí mismo.

✓ Creen en lo que hacen; antes de que alguien más crea en ello.

✓ El no se puede y el siempre lo hemos hecho así; no existen en su vocabulario.

✓ Están comprometidos consigo mismo, con los demás y con los resultados.

✓ Visualizan sus sueños y confían en ellos: los protegen con su alma.

✓ Se enfocan en hacer las cosas bien; se concentran con todo su corazón y mente.

✓ Aprovechan su creatividad y la ponen en acción.

✓ Enfrentan sus miedos con valor, inteligencia y dignidad.

✓ Están dispuestos a luchar por la verdad.

✓ Alientan, motivan y elogian.

✓ Evitan criticar, censurar y enjuiciar.

✓ Si quieren algo van y lo consiguen; sin pasar encima de los demás.

✓ Ejercen su autoridad con respeto y firmeza.

Los líderes auténticos; fomentan el aprendizaje constante, y no sólo el que beneficia la función de los colaboradores, también fomentan el aprendizaje que promueve el autodescubrimiento activo.

Actualmente los cambios son cada vez más complejos, más frecuentes, de mayor intensidad, y además muchos de ellos difíciles de predecir. Esto causa incertidumbre, pero el Líder Auténtico sabe; *que en la incertidumbre se encuentran todas las posibilidades.*

PENSAR Y HABLAR SOBRE LIDERAZGO; NO ES LO MISMO QUE PRACTICARLO:

¿Quién se convirtió alguna vez en un buen jinete por hablar de caballos?

Si deseas ser Líder Auténtico; deja de "aparentar"; prepárate y empieza a practicar…

Si estudias y aprendes con entusiasmo; todas las cosas de tu vida lo reflejarán.

"LA MAYOR EVIDENCIA QUE UN LÍDER AUTÉNTICO PUEDE TENER; *ES LA PAZ INTERIOR*"

El liderazgo auténtico es fácilmente reconocido por los demás, cuando no existen imposiciones de ninguna índole. Éste tipo de líderes, se hacen merecedores de respeto y admiración.

Un líder auténtico alimenta su poder personal, "Su interior", teniendo una visión positiva del futuro y tomando acciones en el presente en favor de ello. Esas decisiones son decisiones de vida que indican su destino; en esas decisiones está la fuente de su energía, su fuerza vital que le incita a seguir en su sendero.

UN LÍDER AUTÉNTICO:

➢ Muestra su fuerza interior ante lo que está sucediendo en el presente; actúa y vive intensamente en el "AQUÍ Y AHORA"

> Denuncia la manía de procrastinar, como forma de evadir, de auto-engañarse, de auto-robarse; Y DE PERDER OPORTUNIDADES.
> Sabe distinguir los HECHOS de las IDEOLOGIAS.

El líder auténtico…

- Hace que los otros quieran hacer lo que les corresponde.
- Distingue entre lo que es conveniente realizar y lo que él quiere que se haga.
- Sabe que en las organizaciones se paga por pensar y actuar, no por quejarse.
- Sabe ser líder dentro y fuera de la organización; *por lo tanto es cuidadoso con su conducta.*

Líder; si tienes que supervisar y/o controlar demasiado a tu gente, pregúntate ¿Qué estoy dejando de hacer?

"El líder auténtico no se apropia de las ideas de los demás; las avala y alienta a que todos apoyen esa idea"

¿Qué guía a una persona a conseguir la cima?

¿Ser líder, el Poder, tener más, el prestigio, el orgullo, la vanidad o el miedo?

CUANDO ESTÉS EN LA CIMA; recuerda como lo hiciste y a quienes te apoyaron.

"Ayúdalos también a conseguir la cima"

"De que le sirve al ejecutivo de una organización conocer o incluso dominar sistemas globales estratégicos; si carece de la capacidad de conocer a su personal y liderarlos"

EL LÍDER AUTÉNTICO, se muestra tal y cómo es,
sin aparentar y actúa con…
*"**L**ibertad, con lealtad; utilizando su libre albedrío"*

Lo hace con **I**nteligencia; mental, emocional y corporal.
*"Con **D**eterminación, con decisión; con deseo de lograr el beneficio común"*

Utiliza su **E**jemplo; su energía y entusiasmo; con pasión.
*"Actúa con **R**esponsabilidad y reconociendo las aportaciones de los demás"*

"El líder auténtico sabe que celebrar por adelantado los éxitos;
Solo crea fracasos adelantados"

Un líder auténtico:

1. Tiene correcta expresión oral y escrita.
2. Está abierto a las ideas de otros.
3. Saber adecuar tareas y personas.
4. Mantiene la cohesión de sus colaboradores o equipo.
5. Propicia un alto nivel de "empuje".
6. Enfoca las situaciones de manera peculiar.

Un líder auténtico:

Integra sus talentos y los talentos de su gente; y los dirige hacia la satisfacción de necesidades o requerimientos de sus clientes u organización.

CUIDADO...

Si un directivo o un ejecutivo *o un líder*, no puede dedicar cuatro horas al año a cada uno de sus colaboradores... entonces quizá tiene demasiadas personas a su cargo; o no debería ser directivo o ejecutivo *o no debería llamarse Líder*.

Si no estás haciendo algo por mejorar tu vida y la de los demás, estás invirtiendo mal tu tiempo; ESTÁS DESPERDICIANDO TU VIDA.

"UN LÍDER AUTÉNTICO NO BUSCA CULPABLES; OFRECE SOLUCIONES"

La verdad es totalmente interior. No hay que buscarla fuera de nosotros ni querer realizarla luchando con violencia con enemigos exteriores. Ghandi.

"El enemigo acérrimo; está dentro de ti"

El liderazgo auténtico es una manifestación de amor por uno mismo y por los demás. Es un proceso en el cual los líderes buscan la edificación y fortalecimiento de la interacción humana; *basada en la confianza y en el respeto a la dignidad de cada persona.*

―――――――――

"EL LÍDER QUÉ DESCONOCE LA PAZ EN SU PROPIO CORAZÓN, DIFÍCILMENTE PUEDE GUIAR A UN GRUPO DE PERSONAS"

―――――――――

A un ejecutivo le sirve de poco o nada, saber de indicadores; si no conoce el componente principal de la organización: ***su gente.***

―――――――――

Un líder auténtico ayuda a los demás a descubrir sus propios talentos y virtudes; *para que puedan llegar a ser lo que ellos mismos desean ser,* no lo que el líder quiere que sean.

―――――――――

Un auténtico líder no manipula a las personas ni la información; sabe claramente que las" intenciones torcidas", provocan resultados "torcidos".

―――――――――

LIDERAZGO AUTÉNTICO:

En la medida en que practiquemos la verdad, la rectitud y la justicia en nosotros mismos; será muy sencillo hacerlo con quienes nos rodean.

«Esto significa respeto y tolerancia a nosotros y a los demás»

A todo ser humano le fue dada una virtud: la capacidad de ELEGIR;

"Quien no utiliza esa virtud, la transforma en maldición, porqué los demás siempre escogerán por él"

"Una de las habilidades de mayor impacto de un Líder auténtico es promover el rendimiento y *lograr una concordancia entre el talento y la función"*

¿Por qué no te limitas sencillamente a

- honrar a tus Padres,
- amar a tus hijos,
- ayudar a tus hermanas y hermanos,
- ser leal con tus amigos,
- cuidar a tu pareja con devoción,
- completar tu trabajo de forma cooperativa y alegre.
- asumir la responsabilidad de los problemas,
- practicar la virtud sin exigirla primero a los demás,

Y comprender que todos necesitamos de todos y manteniendo una forma sencilla en tu proceder?

Eso sería LIDERAZGO AUTÉNTICO; verdadera claridad; verdadera simplicidad;

«VERDADERA MAESTRÍA»

Los líderes auténticos tienen y aceptan con responsabilidad; el reto de crear un ambiente laboral de respeto a las personas y a su labor cotidiana; formando equipos con gran sentido de pertenencia.

———————————————————

LA VERDADERA COMPRENSIÓN DEL LÍDER
AUTÉNTICO TIENE DOS ATRIBUTOS:
LA CONCIENCIA;
Y LA ACCIÓN.
ASÍ QUE ES IMPORTANTE;
PENSAR;
SENTIR
Y ACTUAR...
CONSCIENTEMENTE.

———————————————————

El líder auténtico reconoce que todo momento es instantáneo y huidizo. Y sabe aprovecharlo, pues hay oportunidades que no regresan.

Por hermosos que sean; no pueden conservarse los momentos del pasado.

Por gozosos que sean; no pueden guardarse los momentos del presente.

Por deseables que sean; no pueden atraparse los momentos del futuro.

———————————————————

"TODOS LOS PROBLEMAS TIENEN SOLUCIÓN; ASÍ QUE ÉL LÍDER INVIERTE SU TIEMPO Y ENERGÍA EN APORTAR SOLUCIONES... *NO EN BUSCAR CULPABLES*"

———————————————————

Parte de la felicidad de un líder auténtico, no es sólo obtener ingresos económicos, sino también hacer felices a los que lo rodean con su enseñanza y la manera de hacerlo.

El líder auténtico busca dentro de sí mismo la solución de todos los problemas; *hasta de aquellos que considera más exteriores y materiales.*

El tiempo se me va volando; tengo mucho que hacer y poco tiempo para hacerlo…

¿Y qué sucede con tu priorización y distinción entre lo IMPORTANTE Y LO URGENTE?

PARA MEJORAR EN EL USO DEL TIEMPO ES NECESARIO:

> ➤ PLANEACIÓN:
> ➤ AUTODISCIPLINA;
> ➤ CONCENTRACIÓN;
> ➤ Y VOLUNTAD PARA EVITAR DISTRACTORES.

¡CUIDADO; cualquier actividad que no impacte positivamente en tus resultados laborales, familiares o sociales: ES PÉRDIDA DE TIEMPO!

¿CÓMO LLEGARÁS A TU VERDADERO DESTINO?
¿Quién controla tu vida, Tú o el entorno?

Si no tienes una causa para vivir, permites que el entorno te encause;
y si lo permites el entorno te controla.

No hagas tus metas por lo que es importante para otros,
sólo tú sabes lo que es mejor y más importante para ti.

«INTENTA SER MEJOR, NO SÓLO BUENA PERSONA»

El camino hacia nosotros mismos, es un territorio que jamás imaginas recorrer; pero es necesario para llegar a Ser.

Sólo en completo silencio lo podrás realizar; sólo en completo silencio se puede escuchar nuestro interior… escuchar el alma.

El "corazón" nos indica, nos guía y nos determina la manera de llegar a nuestro destino; por ello es importante escucharlo.

Los líderes auténticos discuten lo que tenga que discutirse y lo hacen sin perder el control. Saben que el que pierde el control lo pierde todo.

No descargan su estrés o preocupaciones o coraje en los demás, porque comprenden que esto sólo provoca reacciones violentas en cadena, sea en la familia, con los compañeros del equipo o con los amigos.

Los líderes auténticos conocen maneras adecuadas para relajarse; caminan, hacen ejercicio, reflexionan, leen, meditan, escuchan música, etc.

El camino hacia a nosotros mismos, generalmente lo rehuimos porque ES EL MÁS DIFÍCIL DE EMPRENDER; sin embargo se requiere hacerlo para lograr mayor felicidad y SER MEJOR:

Y ese camino mide tan sólo 30 ó 40 centímetros: "SON LOS QUE SEPARAN A LA MENTE DEL ALMA"

Un líder auténtico no necesita recordar que él es el líder.

El líder auténtico, con su actuar diario demuestra su liderazgo, *los que lo rodean lo verán, lo notarán, lo seguirán y lo reconocerán cómo líder.*

Un líder auténtico se duerme con la esperanza de tomar mejores decisiones y crear mejores alternativas de solución. Y se despierta con el agradecimiento de poder ponerlas en práctica.

LA COMUNICACIÓN DEL LÍDER AUTÉNTICO:

- Es expresivo, espontáneo y seguro.
- Tiene una personalidad activa.
- Defiende sus propios derechos. Sin pasar por encima de los derechos de los demás.
- No presenta temores en su comportamiento.
- Posee una comunicación directa, adecuada, abierta y franca.
- Su comportamiento es respetable.
- Acepta sus limitaciones.
- Se comunica fácilmente con toda clase de personas.

«El pensar; el sentir y el actuar: la armonía del ser humano»

LOS PROBLEMAS:
¿Qué pensamientos crean el problema?
¿Qué tipo de sentimientos mantienen el problema?
¿Qué tipo de acciones se manifiestan en el problema?

SOLUCIONES:
¿Qué tipo de pensamientos crean la solución?
¿Qué tipo de sentimientos influyen en la solución?

¿Qué tipo de acciones se manifiestan en la solución?

———————————————

EL LÍDER AUTÉNTICO…

- Es una persona tiene un fin en su mente.
- Se siente impulsado para realizar grandes contribuciones.
- Está motivado por sus SUEÑOS.
- **Cree plenamente que nada, ni nadie.** *Lo detiene para alcanzar su objetivo.*
- Tiene una visión guiadora y estratégica: sabe que es lo que quiere y como obtenerlo. Sin importar los tropiezos, sigue su PLAN.
- Tiene pasión: ama lo que hace, dándole esperanza e inspiración a los demás, es decir; TIENE CAPACIDAD DE SOÑAR.
- Posee INTEGRIDAD: Tiene profundo conocimiento de sí mismo, de sus debilidades y fortalezas. Esto significa que posee el AUTOCONOCIMIENTO Y LA AUTOESTIMA necesarias para lograr lo que se propone.

———————————————

''NO TENGAS MIEDO DE QUE TU VIDA TERMINE;
TEN MIEDO DE QUE NO EMPIECE''

———————————————

Un líder auténtico, sabe que puede llegar a perderlo todo, sí; todo. Y que lo único que no puede perder, *es perderse así mismo, esto sería fatal.*

———————————————

"DEJEMOS AL HOMBRE VIEJO Y RENAZCAMOS EN EL
HOMBRE NUEVO"

———————————————

"El líder auténtico que aspira *(alma)* a más y mejores resultados, sabe que para conseguirlo se requiere de cierta inspiración *(mente)*; cuándo las tiene coordinadas ejerce su voluntad *(acción)* con seguridad y entusiasmo; para conseguir lo que quiere y así continúa en evolución"

El líder auténtico es asertivo, sabe expresarse sin ansiedades, es decir; expresa sus puntos de vista y sus intereses, sin negar los de los demás.

Un buen hombre no logra ser un líder auténtico por la recomendación de alguien, o por el título de su puesto ejecutivo, o por sus conocimientos técnicos o de la organización. Sino por su dedicación al trabajo, por su enseñanza, por su entusiasmo de vivir, por su tolerancia, y también por su exigencia, por su capacidad de persuadir para que los demás den lo mejor de sí mismo y con el respeto que merecen.

EL LÍDER AUTÉNTICO SABE QUE LA CLAVE PARA
RECONOCER LAS EMOCIONES AJENAS;
"ES UNA ÍNTIMA FAMILIARIDAD CON LAS PROPIAS"

UNA DE LAS APTITUDES TIPICAS DEL LIDER AUTÉNTICO; ES LA QUE PARECE NECESITAR "UN POCO DE PENETRACIÓN PSICOLOGICA EN EL SER DE LOS DEMAS"

UNA PENETRACION TAL QUE DIRIAMOS; *QUE NO SE PUEDE DAR EN EL LÍDER A QUIEN NO LE GUSTE EL TRATO CONTINUO CON LAS PERSONAS.*

Un líder auténtico no se forma en el "escritorio", se forma en las experiencias diarias, las propias y en las de los demás. Y las situaciones críticas son las que lo obligan a poner en práctica lo mejor de sí mismo, *su fortaleza y templanza interior*, sus conocimientos y su experiencia.

✓ **Fortaleza:** la virtud que indica firmeza de ánimo o energía de carácter. Virtud que enardece la voluntad, para no desistir en conseguir lo que se pretende, aun siendo el camino arduo o difícil.

✓ **Templanza:** Entendiendo su significado como la MODERACIÓN, *que impone la razón en toda acción y pasión.*

———————————————

"Los líderes auténticos…

✓ *Usan la intuición cuando es fácil conectarse con ella.*
✓ Y utilizan *la disciplina* cuando la intuición no se manifiesta.
✓ Saben decir "NO", sin considerar esa palabra como maldición.
✓ Saben decir "SÍ", sin temer las consecuencias.

———————————————

EL LIDER AUTÉNTICO: sabe que sus logros suelen ser proporcionales a su esfuerzo por adquirir buenos hábitos de conducta.

———————————————

Si observaras tu vida como si fuera un mueble con cajones: ¿Qué guardas en ellos?

Cajón 1. LO ESPIRITUAL: Ni tanto que queme al santo; ni tanto que no lo alumbre… **¿CREES EN TI?**

Cajón 2. LO FAMILIAR: ¿Demuestras tu amor para mantener la armonía familiar, aun a pesar de la adversidad?

Cajón 3. LO MENTAL: Tiene que ver con tu capacidad de analizar y responder adecuadamente ante las diversas situaciones en tu vida.

Cajón 4. LO ECONÓMICO: Se relaciona con tu capacidad para obtener dinero; y hacer que el dinero trabaje para ti, no al revés.

Cajón 5. LO FÍSICO: ¿cómo es tu agilidad o capacidad de movimiento, tu nivel corporal? ¿Cómo está tu salud?

Cajón 6. LO PROFESIONAL: Observar y dominar tu función; aportar soluciones y actuar en favor de ellas. (No crear problemas)

Cajón 7: LO EMOCIONAL: Se relaciona con tu capacidad de reconocer y controlar tus emociones. ¿CÓMO ESTÁ TU SALUD EMOCIONAL?

Honestamente: ¿qué guardas en tus cajones?

¿Necesitarán una limpieza?

El líder auténtico no pretende tener la razón siempre; utiliza la razón para discernir y tomar la decisión que contribuye al beneficio común.

El don de la verdadera autoridad, es una cualidad casi innata, que se desarrolla con el cultivo gradual del espíritu y con la vivencia de variadas experiencias.

Los líderes auténticos saben que en la oficina "en el puerto seguro", pierden la oportunidad de aprender y de expandirse; pierden la oportunidad de nuevas posibilidades para Ser mejores. *"Así que cuidado con tu zona de confort"*.

¿Por qué nos cuesta tanto cambiar?

El miedo nos impide salir de la *zona de confort*; tendemos a la seguridad de lo conocido, y esa actitud impide la realización del Ser.

.«PARA CRECER, PARA CONSEGUIR SER LÍDER AUTÉNTICO; *HAY QUE SALIR DE ESA ZONA*»

El líder auténtico sabe…
Cuándo tener los ojos abiertos; *para ver el exterior*;
Y cuándo tener los ojos cerrados… para ver SU INTERIOR.

"Los líderes auténticos no dejan de confiar en la gente; aunque a veces tengan que pagar el precio de la decepción, no viven frustrados por ello. *Sólo tienen más cuidado en seleccionar en quien sí confiar*"

«ALGO QUE SE NOS HA OLVIDADO, ES LA COMPRENSIÓN DEL PROPÓSITO DEL ESPÍRITU Y EL SIGNIFICADO DE LA EXPERIENCIA HUMANA»

EL ESPÍRITU ES LA VITALIDAD INTERNA QUE MANTIENE VIVOS EL SIGNIFICADO DE VIVIR Y LA ESPERANZA DE VIDA.

EL ESPÍRITU Y LA FE ESTÁN EN EL CENTRO DE LA VIDA HUMANA. SIN ELLOS PIERDES EL CAMINO, VIVES SIN ENTUSIASMO, AVANZAS A TRAVÉS DE LAS ACCIONES; PERO NO EXISTE LA PASIÓN.

EL LIDER AUTENTICO deja bien claro quién es el jefe.

Sabe quiénes son los empleados competentes y quienes no lo son; *inspirando y cuidando a los primeros.*

Y aplicando sanciones a los últimos y restringiendo su autonomía.

———————————————

El líder auténtico confía en los demás, los hacer sentirse apreciados, los hace sentir que son capaces de ser mejores y que son buenos colaboradores.

———————————————

Para el líder auténtico dudar es la mayor competencia que puede desarrollar y seguir en su constante aprendizaje.

✓ Dudo de lo que sé;
✓ Dudo de lo que tú sabes.

Y desde allí podemos escucharnos y crear algo que sea útil para todos.

———————————————

Los líderes auténticos saben que la "adversidad" es una gran maestra; y que las situaciones desfavorables son para poner a prueba sus talentos; pues escondidas en la adversidad están las respuestas.

———————————————

El líder auténtico ve a sus colaboradores como personas, no como un recurso más. Ante su Jefe, no habla mal de su gente; porque sabe claramente que eso lo único que indica es que él no sabe administrar, liderar o formar a su gente.

———————————————

"SIN CONCIENCIA ES DIFÍCIL CONSEGUIR LO QUE DESEAS. SIN CONCIENCIA ESTAMOS A LA DERIVA"

"EL CONTROL ES TAN SÓLO UNA ILUSIÓN"

El control es seductor porque te da la sensación de poder. Es algo de lo cual te puedes agarrar, por eso se vuelve adictivo.

Es difícil dejarlo aun cuando no estás dando resultados. No podrás iniciar un viaje hacia el Liderazgo Auténtico, hasta que no dejes ir hábitos que te atan.

"El líder auténtico enseña a la gente que ellos sean sus «propios controles», porqué sabe que eso incrementa el grado de madurez mental y emocional en las personas y los resultados son sobresalientes"

Los líderes actuales, los *auténticos* están creando espacios de transición, dónde las personas pueden explorar nuevas conductas y reflexionar sobre una nueva forma de aprender a vivir. CREANDO UN CLIMA LABORAL SANO; *HONESTO Y RESPETUOSO.*

En donde el empleado queda en libertad de elegir su camino; partiendo de su conocimiento actual, sus talentos, y sus vacíos.

De forma contraria; las empresas estarán creando un ambiente de…

FRUSTRACIÓN, TENSIÓN Y MIEDO; ya que nadie está seguro de mantener su posición dentro de la organización.

El único objeto que se parece a la mente y al alma, *es el paracaídas; pues sólo funcionan cuándo se abren.* Los líderes auténticos así se mantienen; con la mente y alma abiertas.

**Todo lo que existe es para algo y por lo tanto valioso:
TÚ; ¿PARA QUE EXISTES?**

El líder auténtico:

1. RESALTA LO POSITIVO Y SE CENTRA EN ELLO.
2. CREE EN LAS PERSONAS Y LES DA SU APOYO.
3. SUMA LOS TALENTOS.
4. CONSERVA LA PERSPECTIVA.
5. CONCEDE ESPACIO Y DA LIBERTAD DE ACCIÓN.
6. SABE PREGUNTAR.
7. SABE ESCUCHAR.
8. SABE RESPONDER.
9. DELEGA.
10. EMPODERA.

"LA ÚNICA LLAVE QUÉ TE LLEVARÁ AL
ÉXITO SE LLAMA ACTITUD"

El *líder auténtico sabe…*

✓ Captar los sentimientos, necesidades e intereses ajenos.
✓ Percibir lo que otros sienten sin decirlo.
✓ Observar cuidadosamente la expresión facial, tono de voz y otras expresiones no verbales.

El liderazgo auténtico es una relación enraizada en la COMUNIDAD (Unidad común).

Los líderes exitosos encarnan los valores y creencias más valiosos de sus grupos.

"SU HABILIDAD PARA DIRIGIR SURGE DE LA FORTALEZA Y DEL SOPORTE DE AQUELLOS QUE LO RODEAN"

«EL FRACASO DE UN LÍDER ES SÓLO LA EVIDENCIA DE SUS DEFICIENCIAS PERSONALES»

"Cuándo un líder auténtico tiene que descansar y se sienta en el sendero; *lo hace sentado de frente a lo que aún ha de andar y de espaldas a lo que ya caminó*"

"EL LÍDER AUTÉNTICO RECONOCE QUE LA VIDA ES UNA INMENSIDAD DE POSIBILIDADES; *Y ASÍ INSTRUYE A SUS COLABORADORES*"

"Los líderes auténticos saben que la única manera de liberarse de ataduras, *es reconocerlas y tener el valor de cambiarlas*"

PODER: ¿Utilizas tu Poder y tu capacidad de persuadir para enseñar y otorgar Poder?

El Líder auténtico entrena a la gente para que reciban poder y el líder sabe, *que el don del poder sólo puede darse a aquellos que lo quieran y que estén listos para recibirlo.*

El líder auténtico no tiene miedo de compartirlo, porque sabe que eso lo hará más fuerte.

El don del poder envuelve a las personas en un trabajo por una causa común.

"EL LÍDER AUTÉNTICO NO PUEDE DAR PODER A LOS DEMÁS QUITÁNDOSE EL PODER A SÍ MISMO"

SOLO CAMBIA UNA LETRA, PERO… EL RESULTADO ES MUY DIFERENTE; *P*ODER O *J*ODER

"La madurez mental y emocional son dos puntales del líder auténtico, esto le permite crear lazos sólidos con quienes le rodean"

Un líder auténtico, no cree algo simplemente porque muchos lo creen o porque fingen creerlo; *"Lo cree después de someterlo a su razón… a la voz de su conciencia"*

**Los líderes necesitan seguidores…
«El verdadero impulso viene de abajo»**

Los líderes auténticos hacen todo lo posible para inspirar emociones positivas y sentimientos sagrados, como amor, compasión, devoción, alegría, gozo y dicha; a sus colaboradores, familiares y amigos.

Hacen todo lo que pueden para ayudarlos a *"liberarse de todo aferramiento y apego"*; practicándolo también se liberan a sí mismos.

EL LÍDER AUTÉNTICO ACTUA CON RESPONSABILIDAD.

- ➢ RESPONSABILIDAD. Es la capacidad de dar respuesta adecuada a los errores, los cambios, los fracasos y las crisis que te presenta la vida.
- ➢ ASUME con responsabilidad tus pensamientos, sentimientos y acciones.
- ➢ ACEPTA con responsabilidad las consecuencias de tus hechos.

Los líderes auténticos deben aventurarse más allá de los senderos conocidos y protegidos, para encontrar su propia fuente de aprendizaje y energía.

Asumirán riesgos, desarrollarán la habilidad para hacer conocido lo desconocido; en la tecnología, en la industria, en los negocios y en el arte de liderar personas.

**A todo ser humano le fueron concedidas dos Cualidades:
"EL PODER Y EL DON".**
El *Poder* dirige al hombre al encuentro con su destino y él *Don* lo obliga a compartir con los demás "lo mejor que hay en él mismo".

LAS EMOCIONES
¡TE LEVANTAN O TE MATAN!
¿De qué depende?
DE QUE UTILICES LA RAZÓN
La clave para reconocer las emociones ajenas…
es una íntima familiaridad con las propias

El *líder auténtico sabe…*

- Comprender a los demás.
- Ayudar a los demás a desarrollarse.
- Está orientado al servicio y así lo exige a los demás.
- Aprovechar la diversidad de opiniones para crear soluciones creativas.
- *Ser consciente de la importancia de la interacción humana.*

EL LÍDER AUTÉNTICO RECONOCE QUÉ EL CONOCIMIENTO:

- ✓ No es la verdad absoluta sobre la vida y la muerte, sino lo que nos ayuda a vivir y enfrentar los desafíos de la vida diaria.
- ✓ No es la erudición de los libros, que sirve sólo para alimentar discusiones inútiles sobre lo que ocurrió u ocurrirá.
- ✓ *«Sino la sabiduría que reside en el corazón de los hombres y mujeres con buena voluntad»*

«El líder auténtico; es el único responsable de sus acciones y no tiene el derecho de transferir la responsabilidad y la consecuencia de sus decisiones»

"El líder auténtico; debe actuar con una buena dosis de humildad; para observarse y reconocerse tal y cómo es, sin aparentar ser"

El líder auténtico; NUNCA OLVIDA LA GRATITUD, no necesita que alguien le recuerde la ayuda de los otros; *él se acuerda solo y comparte con ellos la recompensa.*

EL LÍDER AUTÉNTICO SABE DE LO QUE ES CAPAZ; NO NECESITA ANDAR POR EL MUNDO CONTANDO SUS CUALIDADES, VIRTUDES Y LOGROS.

SIN EMBARGO, A CADA MOMENTO APARECE ALGUIEN QUERIENDO PROBAR QUE ES MEJOR QUE ÉL.

«NO ACEPTES LAS OFENSAS, ELLAS NO AUMENTARÁN TU CAPACIDAD, TE CANSARÁS INÚTILMENTE»

"No camines ni más rápido ni más lento que tu alma; porque ella te enseñará a cada paso, cuál es tu utilidad"

Los líderes auténticos saben rodearse de personas con talentos, incluso con mayor conocimiento que ellos; y lo hacen sin temor; por eso son líderes auténticos.

EL LIDERAZGO AUTÉNTICO ES ACCIÓN, ES PENSAMIENTO Y ES EMOCIÓN

- Sino observas, no ves;
- Sino sueñas, no creas;
- Sino vas, no llegas;
- Sino empiezas, no terminas;
- Sino enseñas, no aprendes;
- Sino sientes, no vives;
- Sino vives, no experimentas.
- Sino experimentas, no piensas.
- Sino piensas, no realizas;
- Sino realizas, no logras.
- Sino intentas, no actúas;
- *Si no eres, no estás...*

SINO ERES ¿CUÁNDO SERÁS?

LIDERAZGO AUTÉNTICO; *Principios básicos:*

1. Otorga o cede poder, sin temor.
2. Fomenta la colaboración, más que la competencia.
3. Reconoce que todo puede verse desde dos o más puntos de vista.
4. Sabe que los problemas deben resolverse pensando en el futuro; no sobre el presente, ni pensando en el pasado.

«Un problema en nuestra época es que la gente no quiere ser útil; sino importante» Winston Churchill

"Y EN ESTA ÉPOCA TAMBIÉN; EL EGO ASÍ FUNCIONA... ES MÁS FÁCIL APARENTAR; QUE SER"

Los líderes auténticos: Se concentran rápidamente en lo que hacen y no se distraen o dispersan fácilmente. Su concentración es tal que no dejan lugar a la autocrítica, el juicio o la duda: confían en sí mismos y en sus colaboradores. Su comportamiento es tan natural e instintivo que se enfrentan con normalidad y sin temor a situaciones de alta presión o extrema ansiedad; situaciones que a otros los paralizaría. **Saben que la presión convierte el carbón en diamante.**

El líder auténtico *antes de...*

- Antes de decir algo: ¡PIENSA!
- Antes de sentenciar: ¡DISCUTE!
- Antes de perder el control: ¡RESPIRA!
- Antes de contestar: ¡ESCUCHA!
- Antes de criticar, censurar o enjuiciar: ¡ANALÍZA!
- Antes de agredir: ¡SIENTE!
- Antes de claudicar: ¡REINTENTA!
- Antes de pedir: ¡DA!
- Antes de amar: ¡SE AMA!
- Antes de perdonar: ¡SE PERDONA!
- ANTES DE MORIR: ¡VIVE!

Un líder auténtico sabe que los malos resultados se deben a que él es quien está fallando; no culpa a alguien por el resultado.

Y sabe que los buenos resultados se deben a la integración de un equipo exitoso, y lo reconoce con humildad; sabe decir: "LO CONSIGUIERON ELLOS"

"EL LIDERAZGO AUTÉNTICO REQUIERE DE RAZGOS INTELECTUALES, SÍ; Y TAMBIÉN REQUIERE DE UNA GRAN ACTITUD"

EL CAMINO DEL AUTÉNTICO LÍDER ES. . .

- ✓ *Saber vencer sin combatir;*
- ✓ *Responder sin hablar;*
- ✓ *Atraer sin llamar;*
- ✓ *Y actuar sin agitarse.*

«La dificultad es lo que más estimula al guerrero… así vence sus deficiencias; LAS SUPERA».

"ALGO SIMILAR LE SUCEDE AL LÍDER AUTÉNTICO EN SU PROCESO DE SER MEJOR"

Los líderes auténticos poseen destrezas emocionales para no perder su control; y sí, para asumir el compromiso de construir empresas más humanas y simultáneamente más productivas, creando un ambiente de trabajo más satisfactorio.

Los talentos personales por sí mismos no sirven de mucho. Se necesita ponerlos en acción y esto requiere de la alineación… de la mente, del alma; y la voluntad.
(PENSAR, SENTIR Y ACTUAR)

«Todo lo que hagas, hazlo con lo mejor de ti; con tu máximo esfuerzo, con amor: *recuerda que tú eres quien recogerá la recompensa»*

"EL LÍDER AUTÉNTICO SABE DIRIGIR EL APRENDIZAJE HACIA EL DESARROLLO Y FORTALEZA DE UN CAMBIO HONESTO Y COMPETITIVO"

Cuando un objetivo domina nuestro pensamiento estamos atados por la estrategia orientada hacia su realización.

¿Y si en lugar de objetivos, nos dejamos guiar por los sueños?, *el único límite que existiría sería nuestra propia imaginación.*

"EL CONOCIMIENTO SE PUEDE TRANSMITIR; Y ¿LA SABIDURÍA?"

La sabiduría no es una facultad del intelecto:
"Es una virtud que está vinculada con nuestra capacidad de ser feliz"
"NADIE MÁS QUE TU SABIDURÍA TE DIRÁ LO CORRECTO"

"La Evolución de una empresa, se basa en el entrenamiento y competitividad de su Capital Humano; Y esto requiere de Liderazgo Auténtico"

¿CÓMO MANIFESTAR LO QUE ERES?

Depende de tu capacidad, es decir; DE LO QUE ERES CAPAZ.

«NO PUEDES MANIFESTAR LO QUE NO TIENES CAPACIDAD DE SER»

¿Cuáles son tus capacidades?

_____

"Los líderes auténticos crean magnífico ambiente de trabajo, se desempeñan con alegría y también con efectividad; ellos son los responsables de crear empresas más rentables"

_____

"Los líderes auténticos observan su actuar constantemente; porque saben que en ello se manifiesta su autenticidad; *así que cuidado con tus actos*"

Pues en tus actos muestras la congruencia entre tu pensar, sentir y actuar.

El líder auténtico lo es no sólo en el ámbito empresarial, los es también en su familia y por ende lo demuestra en la sociedad.

_____

El líder auténtico:

- Adopta una actitud receptiva; de frente y mirando los ojos de su interlocutor.
- Aprovecha la velocidad del pensamiento y compara rápidamente la información que está recibiendo con su base de datos.
- Es un buen observador y mantiene la boca cerrada mientras el otro se expresa. (Sabe que es imposible fisiológicamente, hablar y escuchar al mismo tiempo).
- Intenta eliminar los prejuicios.
- No adelanta conclusiones: ESCUCHA. (Permite que la gente se dé cuenta de que él está escuchando).
- Da respuestas alentadoras.

- Percibe con facilidad los sentimientos de la persona y los utiliza para alentar y motivar.

El líder auténtico logra identificar oportunidades y riesgos; y aprovecha y encamina los talentos de sus colaboradores.

Todo Ser humano tiene una LEYENDA PERSONAL a ser cumplida y esta es su razón de estar en éste mundo.

LA LEYENDA PERSONAL SE MANIFIESTA POR MEDIO DEL ENTUSIASMO EN TÚ TAREA... *"EN TU MANERA DE LIDERAR"*

El líder auténtico sabe que "entre mejor trigo siembre, mejor será la cosecha"; así que comparte tu conocimiento y experiencia con la actitud de servir, con la actitud de ser útil

---

El líder auténtico al comunicarse con los demás toma en consideración lo siguiente:

- Se asegura del objetivo del mensaje; *que sea claro y comprensible.*
- Se cerciora del estado de ánimo del receptor antes de emitir el mensaje.
- Elije el momento y método más adecuado. Así como el lugar apropiado para transmitir el mensaje.
- Se asegura de que el mensaje fue realmente comprendido. Ejecutando y desarrollando el proceso de la retroalimentación.

El liderazgo auténtico es resultado de los pensamientos, sentimientos y acciones del pasado; así que si quieres seguir siendo o ser un líder auténtico; observa tus pensamientos, sentimientos y acciones en el presente.

"EL PROGRESO DEL LÍDER AUTÉNTICO TIENE QUE VER CON LA PRUDENCIA Y LA JUSTICIA"

Prudencia: la Virtud que nos dicta lo que debemos hacer en cada caso y de manera particular, *la recta razón en el obrar.*

Justicia: la Virtud que dicta dar a cada uno lo que le pertenece. O lo que debe hacerse conforme a derecho, la razón o la equidad.

SOÑAR NO ES COSA DE NIÑOS
«Los HOMBRES que han conseguido grandes cosas en su vida; son hombres que han PERSISTIDO en sus SUEÑOS»
"Un niño puede enseñar tres cosas a un adulto:

1. A ponerse contento sin motivo,
2. A estar siempre ocupado con algo;
3. Y a saber exigir con todas sus fuerzas aquello que desea"

ALGO QUE TAMBIÉN REQUIERE UN LÍDER AUTÉNTICO: *¡SOÑAR!*

CREA TÚ FUTURO; ACTUANDO EN EL PRESENTE...
"Y muestra a los demás cómo hacerlo"

"La inconformidad del líder auténtico, le hace pensar y sentir que cambios es necesario hacer para contribuir en mejorar su ámbito familiar, empresarial o social"

«El líder auténtico sabe que la práctica espiritual es importante y que tiene diversos aspectos; utiliza su ingenio y su sensibilidad para encontrar el que se adapte a él, por ejemplo:

- La práctica del perdón,
- La de purificación,
- La meditación,
- La de dedicación o de sentir la presencia de la luz o del amor»

Recordemos que…

LA VIDA NO ESTÁ HECHA DE DESEOS; "SINO DE LOS ACTOS DE CADA UNO"

PENSAR ES GRATIS, sin embargo;

Sí tus pensamientos son de temor, preocupación, ansiedad y negatividad; se incrementa tu conexión para que surjan más pensamientos similares (y por ende también sentimientos y acciones similares)

Si diriges tus pensamientos hacia…

❖   EL AMOR,
❖   LA COMPASIÓN,

❖ LA GRATITUD
❖ LA ALEGRÍA;
❖ Y LA PRÓSPERIDAD.

«CREAS CONEXIÓN PARA REPETIR ESAS EXPERIENCIAS»

«Sino encuentras la causa de tu existencia; estás dejando tu vida al azar»

Sí haces esto te sales de tu presente dejas tu destino; *tu vida: AL AZAR.*

Así tu destino, se convierte en DES TINO, falta de tino en vivir tu presente»

Y sólo tú eres la causa y el efecto de ello.

Una mente cerrada está oscura… Abre tu mente y alma, permite que tu luz interior se manifieste; «tendrás tu propio brillo»

"El líder auténtico sabe que para conseguir resultados excepcionales, se requiere la razón para ubicar en la justa medida lo que se quiere lograr; y *sabe también que se necesita de la emoción que implica el deseo, el entusiasmo y la alegría visualizando el resultado"*

El *LÍDER AUTÉNTICO* PRACTICA LA RETROALIMENTACIÓN, ESTA ES UNA MANERA DE *GARANTIZAR RESULTADOS:*

- **Cuando se pide;** se confirma que la información proporcionada, es correcta para lo que se pretende realizar.

- **Cuando se da**; se confirma que la información recibida, es correcta para lo que se pretende realizar.
- Es una manera de brindar o recibir ayuda.

Y PARA HACERLO ADECUADAMENTE:

- Preferentemente lo hace en privado, en un ambiente cómodo y ventilado.
- Toma en cuenta que la «charla» está enfocada a dar retroalimentación.
- Sabe qué es un proceso que ayuda a ganar respeto y confianza, cuando se hace con regularidad.
- Fundamenta la retroalimentación **en datos, en hechos**; no en juicios personales. Si utiliza ejemplos, *estos son específicos*.
- Usa un lenguaje natural y de uso común.
- Pregunta al otro su opinión.
- Agradece la oportunidad de ofrecer o pedir ayuda; *oportunamente*.

"El líder auténtico sabe que los pensamientos, sentimientos, emociones, anhelos, ambiciones y sueños de los demás; *son tan valiosos cómo los propios*"

La vida se trata de ser mejor en todo y evolucionar...
«No sólo se trata de ser buena persona»

Corriendo no llegarás más lejos de dónde quieres llegar: *«Lo importante es saber dónde quieres llegar»*

El *LÍDER AUTÉNTICO* sabe manejar el conflicto de manera apropiada; considera los intereses legítimos de cada parte involucrada y resuelve el conflicto en forma justa.

No actúa de manera intransigente,
porqué sabe que la imposición no crea compromiso.

Si quieres ir rápido; ve sólo... (El jefe)

«Si quieres llegar lejos; HAZLO EN EQUIPO» *El Líder auténtico.*

HUMILDAD un atributo del Líder Auténtico:

- El enfrentamiento a ti mismo; te lleva a la humildad.
- Humildad es el reconocimiento del Poder interior que tú tienes; ejercerlo y compartirlo.
- Humildad es la consecuencia de tu propio desarrollo personal.
- Humilde no es aquél que tiene tendencia a la bondad; sino el que desarrolla su poder interior y no sufre por hacerlo.
- Humildad es ver con paciencia y serenidad tu lado obscuro. *"El lado obscuro nos sirve para reconocer nuestros errores y así corregirlos, es decir; DARLES LUZ"*

El líder auténtico cuando está en el camino de la Sabiduría, abraza la unidad y se convierte en modelo:

- ➤ *Sin mostrarse*, por sí mismo resplandece;
- ➤ *Sin imponerse*, por sí mismo se hace notar;

> *Sin elogiarse*, por sí mismo tiene mérito;
> *Sin gloriarse*, por sí mismo sobresale.

"Ya que nunca compite, nadie en el mundo contiende con él"

LA VIDA es como una ola de mar, a veces quieta y tranquila te permite hacer lo que deseas; EJERCIENDO TU VOLUNTAD.

A veces es violenta y tempestuosa, te golpea, te arrastra, te hunde, te emerge. Y no te permite hacer nada, TE SOMETE A SU CAPRICHO. Y SIN EMBARGO;

«*TE RESPETA Y TE AMA, CUANDO LA ENFRENTAS CON AMOR, VALOR Y DIGNIDAD*»

Para que un humano pueda ser feliz...
"Primero necesita SER HUMANO"

Cuando la tormenta azota, cada hombre actúa de acuerdo a su propia experiencia.

Algunos actúan con temor; otros huyen y se esconden.

Y otros abren sus alas como águila

«Y ASÍ SE ALZAN CON EL VIENTO O CONTRA ÉL»

---

3 grandes males aquejan al Líder: LA VANIDAD; EL ORGULLO Y EL TEMOR.

«La VANIDAD te hace sentir superior y esto te llena de ORGULLO, pero en realidad te da TEMOR reconocerte y mostrarte tal y cómo eres»

LA CONCIENCIA… se alimenta de la experiencia; ¿cómo sabes que es experiencia?;

- cuándo la comprendes,
- cuándo aprendes,
- cuándo la superas,
- cuándo la compartes.

SINO SUCEDE LO ANTERIOR, ES SÓLO UNA VIVENCIA; Y NO ES MALA; *¡PERO LA VIVENCIA TE LIMITA; no te hará Líder!*

"EL LÍDER EXPERIMENTA CONSCIENTE*MENTE*"

LA MENTE SE NUTRE CON LA INFORMACIÓN…
«Por ello es necesario ser crítico en la selección de la información»

TÚ CÓMO LÍDER Y POR ESTAR BIEN… **¿Dañas algo o a alguien?**

El líder auténtico:

- ✓ Ofrece y entrega lo mejor de sí mismo; su conocimiento y experiencia por completo.
- ✓ Conoce la vía a seguir: *la vía correcta*. La que establece la cultura en su organización
- ✓ Sabe convertir una atmósfera informal, *en ventaja competitiva*.

¡NO POR SABER MÁS… ERES MÁS!

Todo pasado tiene una vivencia y todo futuro tiene un propósito:

¿Y TÚ PRESENTE?

El líder sabe que hay situaciones y cosas que son colocadas en su vida, para reconducirlo al auténtico camino para realizar su propósito personal…

Sabe que otras surgen para que pueda aplicar todo lo que ha aprendido;

"Y sabe también; que algunas más llegan para seguir aprendiendo"

¡SABE CLARAMENTE QUE TODO FORMA PARTE DEL APRENDIZAJE!

El líder no se preocupa por sus viejas costumbres o por sus creencias; pues sabe que todas las cosas cambian.

«Un líder auténtico logra mayor cohesión con los miembros de su equipo cuándo ENTIENDE Y ACEPTA SUS DIFERENCIAS, CON ELLOS Y LOS ACIERTOS DE ELLOS»

Sabe que tiene la experiencia, de quien ha conocido victorias y derrotas…

"Y que esto es una combinación maravillosa, que puede ayudarlo a encontrar la sabiduría"

Un líder auténtico sabe qué los buenos o malos resultados se logran con y a través de las personas *y sin pasar por su dignidad.*

«El líder auténtico fomenta el espíritu que refleja el deseo y la necesidad de trabajar juntos; porque sabe que el trabajo en equipo es mucho más que un conjunto de reglas»

Sí tu propósito de vida no te brinda:
PAZ, FELICIDAD Y TRANSFORMACIÓN;
¡NO estás en tu propósito!

Un líder auténtico sabe…

- Que la verdadera autoconfianza es abrirse a los demás y mostrarse tal cual es.
- Que las celebraciones bien ganadas; revitalizan al equipo.
- Lo que realmente agrega valor y ahí coloca a los mejores.

Sí DIOS, o un Mago o un Genio, te ofreciera la oportunidad de cambiar tu vida y te preguntara…

¿Qué quieres realmente SER; HACER Y/O TENER?

¿Qué le contestarías?

LA ACTITIUD ANTE LOS CAMBIOS:

Cualquier hombre o mujer puede cambiar su vida en el momento que quiera: ¿Y TÚ... QUE QUIERES?

- Es imposible... ¡DICE LA SOBERBIA!
- Tú no puedes... ¡DICE EL TEMOR!
- Eso no tiene sentido... ¡DICE LA RAZÓN!

¡INTÉNTALO... MURMURA EL CORAZÓN!

"UN LÍDER AUTÉNTICO: NUNCA SUBESTIMA A LOS DEMÁS"

Un líder auténtico sabe manejar su tiempo y respeta el de los demás:

1. Planifica su jornada.
2. Prioriza.
3. Avanza tema por tema.
4. Sabe decir «NO».
5. Sabe que el tiempo de los demás y el suyo, *son valiosos.*

El líder auténtico debe saber claramente que nutre su mente, su alma y su cuerpo; su nutrición debe ser equilibrada y sana. Si no lo hace así, tendrá desequilibrio y sus acciones no darán buen fruto.

Un *Líder auténtico* sabe utilizar su intuición para saber cuándo entrometerse y también para saber cuándo alejarse.

Ante los conflictos sabe:

➢ Separar el problema de las personas.
➢ Concentrarse en los intereses; NO en las posiciones.
➢ Generar varias alternativas, antes de tomar decisiones.
➢ Insistir en que los resultados se finquen en patrones objetivos.

"EL LÍDER AUTÉNTICO SABE QUE EN SU CORAZÓN NACE SU LIDERAZGO"

"El auténtico líder sabe reconocer sus errores y aceptar su responsabilidad"

En una negociación sabe conducirse con inteligencia;

✓ No solo trata la sustancia.
✓ También sabe actuar para estructurar las "reglas del juego".
✓ Cada movimiento que hace ayuda a:
✓ Mantener la forma de la negociación.
✓ O a cambiarla si es necesario.

«Sabe claramente que el mayor adversario no está en el exterior; sino dentro de sí mismo; *por ello lo hace su mejor aliado*»

"EL LÍDER AUTÉNTICO SABE OBSERVAR, APRENDER Y PERMITE QUE EL NUEVO CONOCIMIENTO SEA EL PODER DE ENSEÑAR A LOS DEMÁS"

''Utiliza la paciencia con arte; sabe esperar el momento preciso para actuar con su sentido más profundo de fe y así utiliza al máximo su potencial"

"En su proceso de comunicación sabe utilizar la escucha activa; y así entiende a los demás desde la perspectiva de ellos; *lo cual no implica que esté de acuerdo, pero los entiende*"

"No olvida que un conflicto bien manejado fortalece las relaciones *y le ayuda a aprender de las diferencias*"

Porqué sabe que en cada conflicto, siempre existe el punto de vista de él, del otro y de los demás.

«Ante los nuevos retos, sabe aprovechar la creatividad de su mente para conseguir la colaboración de los demás. Sabe que no es fácil, que se requiere paciencia y práctica constante; ***así se logra un cambio consciente de actitud*»**

«EL LÍDER AUTÉNTICO SABE QUE LAS METAS SE LOGRAN
CON Y A TRAVÉS DEL PERSONAL; POR ELLO LE DEDICA
TIEMPO A LA ENSEÑANZA»

———————————————

"Sabe que el trabajo efectivo en equipo se finca en la confianza, el respeto,
la comunicación y la tolerancia"

———————————————

SABE QUE LOS CONFLICTOS NO SE
ENCUENTRAN EN LA REALIDAD OBJETIVA:
"SINO EN LA MENTE DE CADA PERSONA"

———————————————

"EL LÍDER AUTÉNTICO EVALÚA SUS
ACCIONES CONSTANTEMENTE"

Y TIENE LA CAPACIDAD DE ANTICIPARSE
A LOS ACONTECIMIENTOS.

———————————————

UN LÍDER AUTÉNTICO SABE QUE…

"UNA DISCULPA A TIEMPO PUEDE SER UNA
DE LA INVERSIONES MENOS COSTOSAS Y MAS
PRODUCTIVAS QUE PUEDE HACER"

———————————————

El líder auténtico capta de manera imparcial la realidad; y así toma las
mejores decisiones; maneja con efectividad su tiempo:

Tiene la capacidad y libertad de elegir lo primero que tiene que hacer,
O qué hacer después;
Y qué no hacer.
«LA DECISIÓN ES SUYA»

"El Líder auténtico sabe que para conseguir mejores resultados en el futuro; *se tiene que actuar mejor en el presente*"

¡Sabe que el tiempo es *dinero y resultados!*

El líder reconoce que las tácticas, las estrategias, los presupuestos y los planes; **"sirven de nada sino hay gente motivada para conseguirlo"**

Cuidado...

La ira y la culpa pueden desplazarse en todas direcciones y proyectarse al entorno; y esto "INCLUYE TU ALMA Y MENTE"

Un Líder Auténtico...

- Debe ser y mostrarse honesto; no intenta engañar o manipular a su personal.
- Cree en lo que dice.
- Se conecta fácilmente con sus oyentes.
- Mantiene el diálogo en las dos vías; ida y vuelta.
- Y sabe que es su responsabilidad darse a entender y que no es obligación de los que escuchan entenderle.

SABE QUE ESTAS ESTRATEGIAS LE AYUDARÁN A CONSEGUIR
EL COMPROMISO DE SU GENTE.

La adversidad invita al líder auténtico a reflexionar:
¿Qué estoy haciendo mal?
¿Qué he dejado de hacer?
¿Qué debo hacer ahora, cómo debo hacerlo, que recursos necesito?
¿Lo puedo hacer sólo o necesito el apoyo de alguien?

El líder auténtico:

- Es específico en lo que quiere conseguir; aun siendo retador o desafiante el objetivo, es líder es realista.
- Determina la manera de cuantificar o medir el objetivo.
- Dirige las acciones mediante un plan de trabajo.
- Asigna responsabilidades y niveles de autoridad.
- Determina los recursos necesarios y los asigna con eficacia.
- Determina conjuntamente con su gente; los tiempos de inicio, término y revisión de cada actividad.
- Corrige el rumbo en el momento preciso.

"SABE QUE EL APRENDIZAJE CONSTANTE
Y PUESTO EN PRÁCTICA,
ES LA MEJOR ESTRATEGIA PARA SER MEJOR CADA DÍA"

El líder auténtico sabe…

✓ Que los conflictos son realmente oportunidades para mejorar; por eso surgen.

✓ Y que los problemas son retos, para demostrar su capacidad de solucionar.

"EL LÍDER AUTÉNTICO ACEPTA SIN CULPA QUE SI LOS RESULTADOS NO SE LOGRAN; *SE DEBE A QUE ÉL EN ALGO ESTÁ FALLANDO*"

Su expresión es adecuada a cada situación:

• Sabe expresar su acuerdo o consentimiento en algo, sin pasar sobre los demás.

• Sabe expresar oposición, sin agredir o lastimar.

• Y sabe también expresar afecto; dar y recibir elogios en el momento apropiado.

¿EL LÍDER AUTÉNTICO CÓMO PUEDE MEJORAR?
Practicando el ejercicio de la AUTO-OBSERVACIÓN:
OBSERVAR; OBSERVAR Y OBSERVAR…
"Tu pensar; tu sentir y tu actuar"
«La auto-observación te conduce, al auto-conocimiento; y éste a la auto-comprensión; y esta al amor a ti mismo»

REQUISITOS DE LA AUTO-OBSERVACIÓN:

✓ *Sin culpa.*
✓ *Sin crítica.*
✓ *Sin justificación.*
✓ *Sin censura.*

El líder auténtico sabe que los resultados no deseados encierran lecciones de aprendizaje, aunque le causen dolor y se sienta abatido, no se queda anclado ahí. Pues sabe también que ese fallo es una oportunidad de mejorar y opta por la alegría de visualizar un nuevo resultado.

Parte de la mejora continua de un auténtico líder:

✓ Sabe que el futuro sólo se puede visualizar en el presente.
✓ Utiliza su conocimiento actual y toda su experiencia del pasado;
✓ Para determinar en el presente la mejor manera de lograr las metas.

Sabe observar y reconocer en sus colaboradores…

- Sus fortalezas; y los guía para manifestarlas como parte de su potencial.
- Y con respecto a sus debilidades, les muestra como reconocerlas con humildad y les enseña cómo reducirlas o que hacer para convertirlas en fortalezas.

"EL LÍDER AUTÉNTICO SABE MANTENERSE EN LA CIMA, SIN PISOTEAR A LA GENTE"

"Sabe que es difícil interactuar con los demás sin tener problemas; sin embargo se comunica con madurez, asertividad y manteniendo una empatía adecuada"

"El líder auténtico sabe aprender de sus propios errores, y con la habilidad de observar; también aprende de los errores de los demás"

"LOS LÍDERES AUTÉNTICOS OBSERVAN LAS TENDENCIAS DE SUS INDICADORES, ANALIZAN LOS NÚMEROS; PERO NO SE DEJAN DOMINAR POR ELLOS; *TAMBIÉN TOMAN EN CUENTA SU INTUICIÓN*"

"El líder auténtico prefiere las quejas a los elogios, *porque sabe que una queja es una insatisfacción y por lo tanto una oportunidad de mejorar*"

"El líder auténtico es sordo ante los elogios; aunque los aceptan con humildad, porque sabe que los elogios lo pueden convertir en soberbio y que los aduladores sólo quieren quedar bien con él"

El líder auténtico sabe que los títulos académicos, el título de su cargo o del puesto, lo coloca en una posición de saberlo casi todo; *sin embargo sabe decir "no sé" con honestidad y sin temor al ridículo*; pues bien sabe que el primer paso para SÍ saber, es reconocer que algo no se sabe.

"Tácticas, estrategias, asertividad, empatía, negociación, trabajo en equipo, adaptabilidad y buena fe, son características del auténtico liderazgo"

"El hombre que quiera ser líder auténtico, debe aprender que cuando lo sea; habrán hombres que lo quieran bajar de ahí"

"El líder auténtico sabe ser paciente en un momento de ira; pues así se evitará momentos de tristeza"

"Sabe que entre su personal no hay mejor, ni peor; sabe que cada uno tiene sus particulares talentos y los guía a ponerlos en práctica y a enseñarlos a los demás"

"El líder auténtico constantemente se enfrenta a sus temores, porque sabe que después del miedo está LA LIBERTAD DE SER"

"El trabajo en equipo, la dedicación al trabajo, el respeto a la gente, la responsabilidad en su actuar y la coordinación de actividades; *son estrategias que bien orientadas; inevitablemente resultan en éxito*"

"El líder auténtico sabe que la mayoría de las personas son atraídas por el comportamiento común:

- Que tienen como modelo sus propias limitaciones;
- Y que están llenas de miedos y prejuicios.

Es en esta situación qué el líder auténtico se convierte en maestro y les muestra que existen caminos diferentes y que lo único que necesitan es una gran disposición a aprender algo nuevo; Y se los enseña"

"El *líder auténtico* sabe que tan importante es la cantidad, como la calidad"

"EXAGERAR UNA VERDAD, TE HARÁ PERDER CREDIBILIDAD Y A PARTIR DE AHÍ HABRÁ DUDA DE LO QUE DIGAS"
Cuidado, se auténtico.

El líder auténtico sabe distinguir lo que es y lo que no es la confianza. La confianza poco tiene que ver con las probabilidades, "con las matemáticas"; tiene que ver más con las posibilidades. Si se enfoca en las probabilidades de alcanzar un objetivo o una meta, su confianza tiende a disminuir; si, por el contrario, se enfoca en lo posible, es más sencillo encontrar las maneras de realizar lo que desea.

¡Ten cuidado al pisar a alguien cuando asciendas… te lo encontrarás al bajar!

"El líder auténtico no le llama la atención a su gente; intenta guiarlos hacia la reflexión del hecho, con el propósito de que su personal piense en mejores alternativas al momento de actuar"

"SI NO DEJAS DE APRENDER, LA VIDA NO DEJA DE ENSEÑARTE"

El líder auténtico practica lo qué el Buen Guerrero:

- *Deseo*; por contribuir al bien común.
- *Determina*; cómo conseguir lo que desea.
- *Decisión*; sabe tomar las decisiones adecuadas a cada situación.
- *Disciplina*; necesaria para ser ejemplo.
- *Destino*; con la práctica de lo anterior es más sencillo crear su destino.

EL LÍDER COMPRENDE Y PRACTICA EL PROCESO DE LAS 6 «A´s»

- ✓ **A**ceptar: Errores, aciertos, personas y situaciones. Iniciando por uno mismo.
- ✓ **A**sumir: Con responsabilidad sus hechos.
- ✓ **A**frontar: Con valor, inteligencia y dignidad las consecuencias de sus decisiones.
- ✓ **A**treverse: A cambiar, con el propósito de ser mejor uno mismo y así contribuir a crear una mejor sociedad.
- ✓ **A**ctitud: Elige cómo actuar ante cada situación; sí, elige ser reactivo o propositivo. Consciente o no, es su elección: su actitud muestra su disposición de ánimo. ÉL ELIGE CÓMO VIVIR LA VIDA.
- ✓ **A**mar: Iniciando consigo mismo, tal cual es. Ama lo que tiene, lo que hace, lo que es. Ama a su prójimo y por ende a Dios.

"El *líder auténtico* Sabe que no existe forma de comprar el entusiasmo, o la lealtad de su personal: *sabe que debe ganárselo con honestidad y con respeto*."

"APROVECHA TODAS LA POSIBILIDADES PARA VIVIR
INTENSAMENTE Y POTENCIAR LOS TALENTOS DE LOS
DEMÁS Y LOS PROPIOS"

"SE ENTREGA A SU TAREA SIN DUDAS,
SIN ATADURAS,
SIN TEMORES"

---

*El hombre qué desconoce la serenidad de su mente y la paz en su propio corazón, difícilmente puede guiar; **difícilmente será un líder auténtico.***

"EL LÍDER SABE QUE EXISTEN DÍAS MALOS Y DÍAS BUENOS;
ÉL SABE ELEGIR PARA CREAR EL DÍA QUE PREFIERE"

"El líder no sabe de contratos por hora, por día, por jornada o semana o mes; sabe del contrato que tiene consigo mismo para conseguir más y mejores resultados"

"EL LÍDER AUTÉNTICO SABE QUE EL ÚNICO QUE SIEMPRE
CONFIARÁ EN ÉL; *ES ÉL MISMO*"

POR SUS HECHOS LOS CONOCERÉIS;
¡Así que cuidado con lo que haces!

El líder auténtico practica los 3 pasos de la Paz Interior y de la paz con los demás:

1. HABLA CON LA VERDAD.
2. NO PERMITAS QUE LA IRA SE APODERE DE TI.
3. DA, Y AUNQUE SEA POCO LO QUE PUEDAS DAR; DA.

Un líder auténtico sabe y reconoce que el Trabajo En Equipo Efectivo, requiere de: PLANEACION; ORDEN, PACIENCIA, PERSISTENCIA Y CONTINUOS AJUSTES.

Un equipo exitoso necesita gente capacitada y entrenada para trabajar en equipo. Es decir: Personal dispuesto a trabajar para CREAR Y SOSTENER AL EQUIPO.

Y esto requiere de auténtico liderazgo.

Haga esto antes de crear Equipos de Alto Rendimiento u otro tipo de equipo; esto es la base sólida que antecede otro equipo estratégico.

CÓMO LÍDER...

- ¿Evalúas el esfuerzo o el resultado?
- ¿Ejerces el poder o la autoridad?

El líder auténtico determina objetivos y metas, fomenta: la confianza, el respeto, el compromiso, el trabajo, la disciplina y provee los recursos; *aspectos necesarios en cualquier equipo exitoso"*

Los auténticos líderes saben que la actitud hacia el trabajo de "cuanto más, mejor" *ocasiona un gran daño, tanto psicológico como fisiológico.*

"EL LÍDER AUTÉNTICO SABE QUE LA COMUNICACIÓN ES EL ÚNICO Y EL MEJOR MEDIO PARA LOGRAR ENTENDIMIENTO"

Más del 90% de los problemas que tenemos alrededor, sean en el ámbito laboral, familiar, personal o social; *¡son fallas en comunicación!*

"ESTAMOS EN COMUNICACIÓN CONSTANTE *Y SOMOS CASI INCAPACES DE HACERLO BIEN"*

"EL LÍDER AUTÉNTICO SABE ESCUCHAR EL MENSAJE... *Y TAMBIÉN LA INTENCIÓN DEL MENSAJE"*

"El Conflicto por naturaleza es bueno; porque brinda una oportunidad de mejora". Atiéndelo con prestancia y diligencia. Con inteligencia para que mejore o al menos no dañe las relaciones entre los involucrados.

Los auténticos líderes saben hacia donde van, tienen metas claras, son personas felices y exitosas. *Saben aprovechar el tiempo, lo invierten en acciones positivas para los demás y también para ellos.*

"El líder auténtico hará de su equipo de trabajo grandes triunfadores porque sabe que los cimientos residen allí"

HOY SE REQUIEREN PERSONAS CON GRAN CAPACIDAD PARA PERSUADIR E INFLUIR; MÁS QUE ORDENAR, ES DECIR;

"SE REQUIEREN LÍDERES AUTÉNTICOS"

ANTE LOS PROBLEMAS U OBSTÁCULOS EN LA VIDA. . .
«La actitud es más importante que el intelecto»

"Un *líder auténtico;* No rompe los acuerdos previos, si es necesario modificarlo; se reúne con los afectados y presenta los argumentos respectivos para cambiar los acuerdos"

LÍDERES AUTÉNTICOS:

Hombres y mujeres creíbles; *tomando decisiones acertadas, valorando y reconociendo al personal;* *¡GENERANDO Y CUMPLIENDO COMPROMISOS!*

"El líder reconoce los talentos individuales públicamente; para conseguir mayor unión en los colaboradores, trabajando en armonía y por ende aumentar la productividad.

Obtiene un efecto sinérgico de desempeño, logrando mucho más que el compromiso establecido en la relación contractual.

Contribuye con su ejemplo, con su conocimiento y experiencia personal para lograr las metas organizacionales"

EL LÍDER AUTÉNTICO…

> ➢ En lugar de criticar: **¡MOTIVA!**
> ➢ En lugar de censurar: **¡ALIENTA!**
> ➢ En lugar de enjuiciar: **¡ELOGIA!**

"PARA EL LÍDER AUTÉNTICO LOS OBSTÁCULOS
SIGNIFICAN ÉXITO"

El líder auténtico necesita coraje para continuar en su tarea. Y para que el coraje sea virtuoso, **además de un corazón enardecido,** *¡requiere también un cerebro bien puesto!* "PRUDENCIA, NO ES COBARDÍA"

_____

"EL *líder auténtico* sabe distinguir claramente lo que sí hay que hacer hoy *y lo que hay que hacer mañana*"

_____

No podemos vivir sin valor, sin arrojo; lo necesitamos para amar, para llorar, para defendernos, para renunciar, para combatir; para liderar…

- para decir no,
- para ser mejores,
- para ser felices,
- y para mil y un cosas más:

¡SÍ, SE NECESITA VALOR!

_____

El líder auténtico se desarrolla con el aprendizaje y práctica de tres cosas importantes:

1. Tener paciencia para esperar y actuar en el momento adecuado.
2. Tener sabiduría para no dejar ir la próxima oportunidad de mejorar.
3. Sentirse orgulloso de ver el desarrollo de sus colaboradores, siendo mejores tanto en lo laboral, cómo en lo familiar y en lo social.

_____

Un *líder auténtico* sabe crear acuerdos inteligentes, eficientes y amigables.

_____

"Los líderes auténticos viven con la alegría que brinda el fuego sagrado"

Poco a poco descubren que sus pensamientos, sentimientos y acciones están ligados a una intención misteriosa, algo más allá del conocimiento humano. E inclinan la cabeza en señal de respeto al misterio y oran para no desviarse de un camino que no conocen; y que sin embargo, lo recorren a causa de esa llama que incendia sus corazones.

———————

"EL LÍDER AUTÉNTICO TIENE CLARA SU MISIÓN Y VISIÓN; VIVE SUS VALORES SIN RESTRICCIONES"

———————

El Líder auténtico sabe perfectamente que el tiempo y sus acciones son artículos muy especiales:
"Por ello utiliza su tiempo en acciones útiles, productivas, interesantes y de beneficio común"

———————

"EL LÍDER AUTÉNTICO SABE QUE LA EXPERIENCIA Y EL CONOCIMIENTO *SON UNA GRAN RECOMPENSA*"

———————

"Al imaginar tu nueva historia y creer en ella; lograrás concentrarte en crear tu particular proceso de transformación; *crearás tu nueva vida*"

Así te será más fácil conducir a lo demás a lograr cambios sustanciales en sus vidas.

———————

"LA SOCIEDAD EN GENERAL; EXIGE INTEGRIDAD, HONESTIDAD Y RESULTADOS. POR CONSIGUIENTE DEBEMOS

COMPROMETERNOS A RESTITUIR EL VALOR Y LA ESTIMA SOCIAL QUE SE HA PERDIDO"

Lo que hoy eres es producto de tus pensamientos, sentimientos y acciones pasadas... «Cómo quieres que sea tú futuro, así deben ser tus pensamientos, sentimientos y acciones»

Domina tus pensamientos y controla tus emociones; no dañes algo o alguien... «ASÍ AVANZARÁS EN EL SENDERO DE LÍDER»

"El líder auténtico sabe utilizar su tiempo; las horas de su vida las cubre con acciones útiles, productivas, interesantes, hermosas y nobles; y su ejemplo contribuye a que los demás también lo hagan"

"EL TIEMPO Y NUESTRAS ACCIONES SON LA INEXPLICABLE MATERIA PRIMA DE TODO"

¡QUÉ ÉL TIEMPO SEA LO QUE TU QUIERES QUE SEA!

EL LÍDER AUTÉNTICO...

✓ Sabe escuchar a los demás.
✓ Sabe exponer su propia razón.

✓ Sabe relajarse.
✓ Determina objetivos.
✓ Trabaja con esfuerzo y sin queja.
✓ No arriesga todo a una sola carta.
✓ No confía demasiado en sí mismo.

El líder auténtico ha cambiado los conceptos mentales y emocionales de las palabras problemas y conflictos por: ***Retos y oportunidades respectivamente.***

"Si tu trabajo vale la pena; *vale la pena hacerlo bien*"

LOS LÍDERES AUTÉNTICOS...

Saben que los resultados extraordinarios requieren un compromiso total: y sin embargo saben también que eso no significa trabajar sin tregua. Conocen las consecuencias que provoca querer lograr objetivos o metas sin descanso: ***esto el principal obstáculo hacia una motivación firme y constante.***

Hacer tu trabajo y ejercer tu liderazgo con amor, respeto, responsabilidad y entusiasmo; ES AUTENTICIDAD.

"El líder auténtico sabe que los momentos más cruciales, significan más oportunidades de poner en práctica su conocimiento y de continuar su aprendizaje"

CINCO ATRIBUTOS QUE DEBES MANTENER:

1. **ELASTICIDAD:** capacidad para estirarte. Y FLEXIBILIDAD; capacidad para doblarte. *"Ser elástico y ser flexible; No significa romperse"*

2. **FUERZA:**
   * FÍSICA; la que te sostiene.
   * MENTAL; la capacidad de crear.
   * EMOCIONAL; la capacidad de expresar con pasión lo que haces.
   * ESPIRITUAL; la capacidad de conexión con Dios. (Fe en ti mismo).
   * ECONÓMICA; la capacidad para obtener dinero.
   * FAMILIAR; la capacidad de mantener la armonía.
   * PROFESIONAL; la capacidad de lograr un buen desempeño.

3. **AGILIDAD:**
   * FÍSICA; la capacidad de movimiento.
   * MENTAL; la capacidad de analizar y responder adecuadamente.
   * EMOCIONAL; la capacidad de reconocer y controlar tus emociones.
   * ESPIRITUAL; la capacidad de conectar con tu Divinidad en cualquier momento o lugar.
   * ECONÓMICA; la capacidad de hacer que el dinero trabaje para ti. (No al revés).
   * FAMILIAR; La capacidad de responder con facilidad ante las diversas situaciones.
   * PROFESIONAL; la capacidad de adaptación a los cambios.

4. **EQUILIBRIO:**
   * FÍSICO; se refleja en tu nivel corporal.
   * MENTAL; tu capacidad de concretar.
   * EMOCIONAL; no llevar tus emociones al extremo.

- ESPIRITUAL; Ni tanto que queme al santo, ni tanto que no lo alumbre.
- ECONÓMICO; mantener tu equilibrio entre SER y hacer para tener. (Administrar)
- FAMILIAR; mantener un equilibrio basado en al amor, respeto, tolerancia y comunicación.
- PROFESIONAL; mantener en equilibrio tu interacción, basada en observar y dominar tu función. Proponiendo soluciones y actuando en favor de ellas.

5. **RESISTENCIA:** Éste atributo soporta los 4 anteriores.
   - FÍSICA; Resistir el calor o el frío, el hambre, el trabajo, el estrés, etc.
   - MENTAL; Cuando te critican, cuando tienes que pensar mucho, etc.
   - EMOCIONAL; Cuando te exponen, te señalan, te agreden, etc.
   - ESPIRITUAL; Cuando el espíritu te dice, estás cercano a la muerte.
   - ECONÓMICA; Aún "quebrado" resistir.
   - FAMILIAR; mantener la unión y armonía a pesar de las pérdidas irreparables de personas. O pérdidas morales y materiales.
   - PROFESIONAL; resistir la crítica, la presión o dificultades.

"RESISTIR CON FIRMEZA LOS ASALTOS DE LA VIDA;
PARA NO RETROCEDER UN PASO EN EL CAMINO
EMPRENDIDO"

"El conocimiento debe tener una aplicación práctica en tu vida; sino la sabiduría se convierte en algo inútil y se pudre como una espada que nunca se utiliza"

Cuando el conocimiento y la búsqueda empiezan a ser un PLACER; nuestra vida pasa de la TORTURA a la AVENTURA.

Y con esto alimentamos algo verdaderamente valioso; EL ESPIRITU.

¿QUÉ GENERA TU PENSAR, SENTIR Y ACTUAR?

1. CONOCIMIENTO: **Saber que sabes**. ¿Qué quieres Ser, o qué debes hacer para tener o que quieres Tener? *"Tu pensar".*
2. MOTIVACIÓN: Saber que te mueve. ¿Cuál es tu actitud para Ser, Hacer y Tener? *"Tu sentir, tu emoción, tu pasión"*
3. CAPACIDAD: Saber de qué eres capaz. ¿Qué debes hacer para Ser o tener? *"Tu voluntad, tu actuar, tu libre albedrío".*

¿QUÉ ES LO MÁS CRUCIAL PARA DAR EL SALTO AL LIDERAZGO AUTÉNTICO?

1. **LA ATENCIÓN; *estar alerta todo el tiempo.***

   Eso significa que, cuando surgen problemas o crisis, te preguntes: ¿qué hice para crear esta situación? ¿De qué manera contribuí a este desorden?

   El objetivo no es echar la culpa a alguien, si no entender; *COMPRENDER.* NO TE JUSTIFIQUES O BUSQUES PRETEXTOS.

   Aceptar el fracaso es fácil, lo difícil es entenderlo y comprenderlo…«NO BUSQUES CULPABLES; OFRECE*(TE)* SOLUCIONES»

2. **LA INTELIGENCIA CONTEXTUAL:**

   De la misma manera que un músico tiene que dominar las escalas antes de convertirse en maestro, el líder tiene que dominar las cuestiones básicas para ser un Líder Auténtico.

   Debe conocer el giro de la industria. Y de la empresa debe conocer a la perfección, su cultura o filosofía; sus productos, la percepción de los clientes… *y lo que los empleados valoran.*

   «SI QUIERES LIDERAR A LA GENTE,
   DEBES ENTENDER SU MUNDO»

Sí tu estilo de liderazgo; «Manifiesta tu alegría; fortalece tu espíritu, mantiene serena tu mente y tu ALMA EN PAZ» *Es auténtico.*

"LA VIDA NO VALE LA PENA SINO PODEMOS SENTIR SU LATIR"

SI TÚ QUIERES SER UN LIDER AUTENTICO, TÚ REQUIERES: *TIEMPO; INTELECTO ¡Y CORAZON!*

Y aun así tu Liderazgo puede no dar los resultados esperados. Sin embargo cuando el LÍDER AUTÉNTICO logra superar sus propias barreras, el retorno de valor para su organización, colaboradores y para él mismo; *Justificará la inversión de Tiempo, Intelecto y Corazón.*

ALTO: Detengámonos un momento… es tiempo de re-imaginar. Es momento de aprovechar nuestro conocimiento, experiencia y valor para intentar nuevas cosas.

¡COMIENZA UNA *(R)*EVOLUCIÓN!

Es tiempo de asumir mayor responsabilidad en…

- ➢ nuestra carrera profesional,
- ➢ nuestra vida familiar
- ➢ y nuestra vida social:

¡Tenemos el poder para dirigirla!

¡HAS ALGO DIFERENTE: EXPERIMENTA CON VALOR Y FIRMEZA; *CONSCIENTEMENTE*!

Los tiempos son diferentes; tu compañía no te mueve, ¡Tú mueve a tú compañía!

Tu familia no se mueve; tú muévela. Tu sociedad no se mueve; Tú muévela.

Cada día, todas tus acciones, sin importar que tan grandes o pequeñas sean: HARÁN LA DIFERENCIA.

EL CAMBIO ESTA EN TÍ: *en tu mente, en tu alma, en tus acciones.* ¡ES HORA DE RE-INICIAR!

Todo Líder Auténtico tiene el derecho de dudar de su tarea y a abandonarla de vez en cuando. *¡LO UNICO QUE NO PUEDE HACER ES OLVIDARLA!*

Recuerda que la vida sólo te reclamará algo, una sola cosa: ¡SER!.

"Sí, Ser auténtico"

«INTENTA SER UN AUTÉNTICO LÍDER:
OBSERVA, VE; MUCHO MÁS QUE LA GENERALIDAD.
ESCUCHA MUCHO MÁS QUE LA MAYORÍA;
Y DÍ MÁS EN SILENCIO, QUE CON PALABRAS"

Quieres saber realmente cómo ven a un líder los demás; que uno de tus hijos conviva contigo durante 30 días seguidos; que vea cómo te comportas, como te diriges a tus colaboradores y a los que te rodean, que observe cómo gritas o manoteas, o cómo pierdes el control y como manejas tus emociones, o que vea cómo los guías, como los administras, como te controlas, cómo te comunicas, como enseñas o compartes tu conocimiento y experiencia; como lideras a tu gente; etc.

Y a la mitad y al final de tu jornada; pídele retroalimentación: ESCUCHA, SÓLO ESCUCHA.

Cuando aprendas a hacer esto comenzarás a escuchar tu interior: TU ALMA. Y ella misma continuará dirigiéndote, liderándote.

Durante la juventud; como todo joven tenemos mucho valor. Pero no hemos aprendido a luchar, todavía no adquirimos el conocimiento y experiencia necesarios. Y después de muchos años y mucho esfuerzo; aprendemos a luchar… Y entonces carecemos del valor necesario para enfrentar la vida; PARA ENFRENTAR TU VIDA.

Si aún eres joven, instrúyete, aprende, experimenta; permanece junto a los que saben. (No te juntes con los del equipo de Don Alejo)

Y si ya no eres joven; *recupera el valor que tenías, y aprovecha tu conocimiento y experiencia para realizar con arrojo lo que deseas ahora:*

AUN ES TIEMPO, AUN TIENES VIDA.